소리 · 열여덟

의意를 가진 존재, 사람

- 불교의 인간관 -

말한이 활 성 ┃ 엮은이 김 용 호

KB214720

고요한소리

일러두기

* 이 책은 활성 스님께서 1991년 11월 9일 서울 법회, 2007년 10월 14일
  역경원 법회, 2007년 11월 11일 역경원 법회에서 하신 말씀을 중심으로
  김용호 박사가 엮어 정리하였다.

차 례

부처를 인격화하다

요즘 세계 불교학계에 나타나는 현상 중에 다음과 같은 태도가 있습니다. '과거에는 부처님을 너무 신격화하고, 전지전능한 절대자적 존재로 치켜 올렸다. 지금부터는 부처님을 구름 위로 올려 신비화할 게 아니라, 인간 부처를 찾아야 한다.'는 것입니다. 특히 일본의 불교 연구가 그렇고, 유럽에서도 그러한 경향이 있습니다. 신神으로서의 부처가 아니라 인간으로서의 부처를 찾는다는 태도입니다.

좋은 현상입니다. 부처님을 신의 자리로부터 해방하는 것은 우리가 꼭 해야 할 일입니다. 그럼에도 불구하고 부처님을 인격화하는 시도가 과연 '있는 그 대로'의 부처님을 찾고 있는 것인지, 아니면 부처님을 또 다른 쪽으로 극단화하고 있는 것은 아닌지 신중히 살펴야 할 필요가 있는 것 같습니다. 과거에 부처님을 신으로 만든 것은 사람들의 종교적 열성이 극단으로 치달으면서 나타난 것입니다. 오늘날 부처님을 인격화하는 것 역시 우리의 세속주의가 또 다른 극단으로 치닫고 있기 때문이 아닌지 우려되는 측면이 있습니다.

일본의 식민 지배에서 해방되고 나서 제가 초등학교 다닐 때 유행하던 이야기가 있습니다. 맥아더 사령부에 권력을 이양하고 난 뒤 일본 사람들이 가장 충격적으로 느꼈던 대목은 '위대하신 덴노 헤이카(천황폐하)가 측간에 간다더라.'는 소문입니다. 패전 후 천

6

황 신격화 작업이 중단되고 보니까, 일본 국민들 눈에 비치는 덴노 헤이카가 한낱 '변소 가는 존재더라' 이겁니다.

오늘날 서양 과학이 발전하면서 종교 만능시대가 끝나고 세속 만능시대가 되었는데, 그런 경향이 불교에까지 파급되어 '부처님도 밥 먹고 똥 누는 인간이지.' 하는 견해가 생겨난 게 아닌지 모르겠어요. 그러면서 은연중 그런 식견이야말로 부처님을 가장 올바로 인식하는 길인 양 강조하고 있는 것 같습니다.

그러면 부처님을 신으로부터 해방하고 인격화한다는 것의 진정한 의미는 무엇일까요? 그것은 부처님을 신으로 떠받드느냐 '너나 나나 똥 누는 인간 아니냐.'는 식으로 생각하느냐 또 신심이 있느냐 없느냐 와는 전혀 다른 차원의 문제입니다. 신심이 있는 사람에게는 누가 뭐래도 부처님은 신보다 더 위대한 존재일 테고, 신심이 없는 사람은 '인간들이 지나친 종교적 열정으로 부처님을 대한다.'며 물고 늘어질 수도 있습니다. 그러나 우리는 그런 시중市中의 극단론을 답습할 수는 없습니다.

그렇다면 부처님의 혜명慧命을 따르려는 불자 된 입장에서 우리는 현재 진행되는 부처의 인격화 추세를 어떻게 이해해야 할까요?

'나도 인간, 부처도 인간'이라 할 때는 인간에 대한 전제가 있습니다. 인간들이 보통 취하는 오욕락五欲樂의 행위들, 즉 잠자고 밥 먹고 똥 누고, 남하고 시비하고, 무언가를 쫓아다니며 헐떡거리고, 돈과 권력을 추구하는 것, 그것이 인간이다 하는 가정이지요. 그런 선상에서 '부처도 인간이지 뭐 별거냐'라는 겁니다.

이런 부처 인식은 스스로 오욕락에 머무는 인간인 처지에 부처님마저 그런 존재로 끌어내리려는 가장 모독적이고 불경한 짓입니다. 그러한 태도는 학문을 내걸든, 과학을 내걸든 불교에 대한 무지의 소산입니다. 이런 견해야말로 '인간이 무엇이고, 무엇이어야 하느냐' 하는 인간관에 대한 기본 설정부터 빗나가 버린 것입니다.

우리는 부처님을 '두 발 가진 존재(인간과 천신) 중에 가장 존귀한 사람, 양족존兩足尊'으로 생각해 왔고, 그것이 바른 시선이라고 믿고 있습니다. 그런 관점에서 '사람은 무엇인가?' 오늘은 그 주제를 생각해 보고자 합니다. 인간성 자체가 무너지는 이 시대에 인간이 무엇인지를 살펴보는 것은 대단히 중요한 일이 될 것입니다.

오온가합 五蘊假合

서양에서는 사람을 어떻게 보았을까요? 서양의 인간관이라면 두 가지를 들 수 있는데, 그 하나가 창조론의 인간관이고, 다른 하나가 진화론의 인간관입니다. 전자는 기독교의 인간관이고, 후자는 과학의 인간관입니다. 오늘날 서양의 영향력이 온 지구에 퍼지다 보니, 그 두 가지가 그대로 우리들의 인간관처럼 자리 잡았습니다. 그래서 지식인들 대부분이 '창조론이냐, 진화론이냐'에 매달립니다.

창조론으로 보면 인간은 하느님이 만든 피조물이고 진화론으로 보면 어느 책에서처럼 인간은 "털 빠진 원숭이"에 불과하지요. 이런 견해로 보면 인간은 결코 열반을 이룰 수 없는 존재입니다. 이렇게 인간을 한정한다면 우리가 그 한정을 넘어 열반을 이룰 길이 달리 있을 수 있겠습니까?

폐일언하고 우리는 사람관에서부터 바른 견해[正見]를 세워야 합니다. 불교는 창조론도 진화론도 아닙니다. 무엇보다도 윤회輪廻라는 것 자체가 창조론, 진화론을 모두 넘어서지 않습니까. 과학적으로 교육받은 사람은 진화론자가 되어버리고, 그걸 거부하는 종교적인 사람은 창조론자가 되어버리는, 이러한 우리 시대 인간관의 한계를 걷어내야 합니다. 언제까지 그런 하열한 논리에 지배당해야 합니까.

불교의 인간관은 매우 독특합니다. 존재론적 입장에서 보면, 인간 존재는 오온가합五蘊假合입니다. 색·수·상·행·식色受想行識이라는 오온의 가합이 인간입니다. 오온가합, 이것이 자고로 꽤나 말썽스러운 용어이긴 합니다. 어떤 사람들은, '인간이 색·수·상·행·식, 이 다섯 가지 요소가 잠깐 임시로 결합되어있는 것이라면, 인간의 절대성이나 신성성은 인정하지 않으니까 불교는 유물론이다.' 이렇게 이야기하기도 합니다. 또 과학자들 중에도 '그건 말도 안 된다. 그 다섯 가지를 결합해 봐라. 그럼 사람이 되느냐?' 이렇게 말하기도 합니다. 한때 호사가들 사이에서는 '실험실에서 그것들을 결합할 수 있느냐' 하는 논란도 있었습니다.

하지만 그 다섯 가지는 물리학자들이 말하는 물리적 요소들이 아닙니다. 색色도 얼핏 생각하면 '물질'처럼 이해되는데, 물리학자들이 이해하고 있는 그런 '물질'이 아닙니다. 물리학에서 다룰 수 없을 만큼 넓은 의미를 지니고 있기에, 색·수·상·행·식은 과학적 개념이 아닙니다. 따라서 실험실에서 객관적으로 재

현시킬 수 있을 만큼 객체화되질 않습니다. 부처님은 대단히 경험적이고 과학적이지만 과학자는 아니지요. 오히려 과학의 한계를 초탈해야 할 필요성을 깨우쳐주십니다.

오온가합이라는 개념 역시 과학적 개념으로 묶으려드는 태도는 당연히 지양되어야 합니다. 이런 사정 때문에라도 우리는 부처님이 직접 하신 말씀으로 들어가 인간을 이해할 필요가 있습니다.

오취온五取蘊 인간

  부처님은 〈초전법륜경〉에서 '오취온五取蘊은 고苦
다.'라고 천명하셨습니다. 부처님은 여러 가지 고를 하
나하나 이야기하면서 제일 끝에 가서 "요컨대 오취온
이 고다."라고 하셨습니다. 부처님은 인간을 '색·수·
상·행·식의 오온五蘊'이라고 보시고 그 오온에 대해서
탐·진·치貪 瞋 癡 삼독심三毒心을 끊임없이 부리는 존
재, 즉 오취온이라고 하셨습니다. 오취온은 색취온色
取蘊, 수취온受取蘊, 상취온想取蘊, 행취온行取蘊, 식취
온識取蘊을 말합니다. 여기서 '취取'라는 말은 '집착'
이고, '온蘊'은 '덩어리', 즉 '취온'은 '집착 덩어리'라는
뜻입니다.

색취온色取蘊은 '색에 대한 집착이 켜켜이 쌓인 덩어리'를 말합니다. 쌓이고 쌓여서 덩어리를 이루었다는 뜻입니다. 색이라는 건 좁게는 우리 육신이고 넓게는 기타 각종 물질적 세계인데, 거기에 대한 집착이 인간을 구성한다는 것입니다. 즉 '물질이 실존한다.'고 생각하는 데서부터 시작되는 집착의 덩어리가 인간을 만든다는 겁니다. 우리는 상식적으로 '물질이야 당연히 존재하지.'라고 생각하지만, 불교에서는 그렇지 않습니다. 정말 물질이 존재하느냐? 그럼 물질이라는 것은 무엇인가? 존재한다는 것은 무슨 의미인가? 이렇게 파고 들어갑니다. 바로 그런 관점에서 보면 색취온은 '색에 대해 집착을 거듭거듭 하여 생긴 환幻이 켜켜이 쌓인 덩어리'인 것입니다.

수취온受取蘊은 느낌에 대한 집착의 덩어리입니다.

아프고, 편하고, 좋고, 나쁘고, 행복하고, 불행하고 하는 느낌들에 대한 집착 덩어리이지요. 다음이 상취온想取蘊입니다. 우리는 사물을 바깥에 실존하는 것으로 인식합니다. 그렇게 인식하게 만드는 도구가 개념들입니다. 따라서 인간이 인간 중심으로 만들어 놓은 개념들을 가지고 사물을 인식하는 특정한 방식인데, 그런 인식 행위에 대한 집착이 상취온입니다.

다음은 행취온行取蘊입니다. 행이라는 건 넓게 말하면 운동이고, 좁게 말하면 운동 중에서도 관행 같은 것입니다. 포괄적인 운동이든 관행적인 운동이든 온갖 움직임들이 모여서 뒤범벅으로 어울리고 있는 상태에 대한 집착이 행취온입니다. 빠알리어로 행은 상카아라*saṅkhārā*인데 대개 복수로 씁니다. 십이연기에서도 유독 행行만이 복수입니다. 그래서 '제행諸行'

이라고 번역하지요. 제행의 운동을 한문으로 설명할 때 천류遷流라고 부릅니다. '변천하면서 흐른다.'는 거지요. 여러 에너지의 흐름이 나뉘고 합치면서 흘러가는 강물이 행이라는 뜻입니다.

행行은 십이연기十二緣起에서 두 번째 항목으로 나옵니다. '무명無明이 있으면 행이 있다.' 그런 점에서 십이연기의 흐름 자체를 행으로도 볼 수 있습니다. '행이 있으면 식識이 있고, 식이 있으면 명색名色이 있고……,' 하면서 사死에까지 이르는 그 흐름 자체가 행이라는 겁니다. 행을 존재론적으로 말할 때 '유위有爲', 즉 '함이 있다, 조건에 의해 생겨났다.'고 하는데, 이는 무위無爲에 대한 대칭 개념이지요. 무위는 열반입니다. 열반과 대칭되어 사바의 존재 세계를 이루는 유위, 즉 '~하다, ~함'이 바로 행이라고 이해할 수 있습니다.

그다음이 식취온識取蘊입니다. 식은 '알 식識'이지요. 우리의 앎은 보통 이것과 저것의 차이를 인식하는 작용입니다. '이것은 그릇이다.'라고 알 때 그릇 자체를 안다기보다는 다른 사물들과의 차이로, 그 특수성으로서 안다는 것입니다. 즉 유와 무, 시간과 공간, 즐거움과 괴로움 같은 차이들을 기준으로 해서 알고, 생각하고, 주장하는 데 대한 집착, 그것이 바로 식취온입니다.

부처님은 이 다섯 가지 집착 덩어리에 대해 비유[1]를 덧붙이십니다. 우선 색色 *rūpa*, 즉 물질이라는 것은 수포水泡입니다. 개천에 보면 거품덩어리가 엉겨서 흘러가지요. 홍수나 급류가 흐르는 하천에서 볼 수 있

---

1 《상응부》 22 〈칸다 상응*Khandha saṃyutta*〉 95경.

는 그 거품이 색입니다. 그 다음에 수受 *vedanā*, 즉 느낌은 기포氣泡라고 하십니다. 물이 끓을 때 보글보글 올라오는 공기방울 있지요? 그게 수라는 겁니다. 그 다음에 인식, 지각 작용인 상想 *saññā*은 신기루蜃氣樓에 비유하십니다. 그 다음 행行 *saṅkhārā*은 바나나 나무줄기에 비유됩니다. 바나나 나무처럼 심재心材가 없으니, 그게 행이라는 겁니다. 마지막으로 식識 *viññāṇa*은 요술, 마술魔術에 비유되고 있습니다. 이 모두가 비어 있지만 실재하는 것 같은 환상을 낳고, 그 환상에 집착하는 덩어리, 그것이 곧 인간이라고 부처님이 말씀하셨습니다.

그런데 '오취온은 고苦다.' 하고 끝나 버렸으면 비관적인 결론밖에 안 될 텐데, 부처님은 오히려 거기서부터 시작하셨습니다. 오늘날 인간에 대한 모든 탐구도 결국 '오취온五取蘊으로서의 인간!'에서 시작한다면 어떻게 달라질까요?

우리 모두 잘 알고 있듯이 부처님은 오취온의 문제, 즉 고苦를 해결하기 위한 길로서 사성제四聖諦, 팔정도八正道를 설하셨습니다. 사성제의 제일 첫머리에 고성제苦聖諦를 말씀하십니다. 고성제는 다시 말하면 '오취온은 고다.'라는 것입니다. 인간은 집착의 덩어리이면서 고의 존재로서 살고 있다는 겁니다. 그리고 여기서 끝나지 않고, '왜 인간이 고의 존재로 살게 되느냐?' 하는 문제로 넘어가는데, 그것이 집성제集聖諦입니다. 부처님은 집성제를 십이연기의 순행으로 설하셨습니다.

무명無明이 있으면 행行이 있고, 행이 있으면 식識이 있고 식이 있으면 명색名色이 있게 되고, 명색이 있으면 제행諸行이 증장합니다, 즉 행이 가속화되고 강화

됩니다. 그래서 육처六處-촉觸-수受-애愛-취取-유有로 진행됩니다. 취取, 즉 존재에 대한 집착이 형태를 취할 때 그 유有가 곧 오취온입니다. 이처럼 유가 있으면 생生-노사老死가 있으니 윤회가 있는 것입니다. 취가 버티고 있으니까 태어나 늙고 죽고, 또 생-노사, 생-노사……. 이렇게 십이연기가 계속되는 것이 윤회입니다.

십이연기에서 발생하는 것은 결국 고苦입니다. 고가 있을 뿐입니다. 생노병사生老病死 수비고우뇌愁悲苦憂惱……. 맨 뒤의 '뇌惱 upāyāsa'를 영어로는 절망이라고들 번역합니다. 요컨대 인간이 오취온인 한, 절망스러운 고가 있을 뿐이며 절망적인 고를 향해 치달을 수밖에 없습니다.

뜻[意]을 가진 존재, 사람

앞서 말한 바와 같이 '사람이 뭐냐?'는 질문의 답으로 부처님은 '오취온이다.' 하셨습니다. 이것은 사실은 답이라기보다는 문제 제기입니다. 이렇게 문제를 제기하시고는 다시 십이연기로 설명하십니다. 고성제의 문제 제기에서 집성제의 인과관계 설명으로 넘어가는 것입니다. '식이 있으면 명색이 있고, 명색이 있으면 육처가 있다.'라고 하셨습니다. 여기서 명색의 '명名 nāma'에 대해 명은 '수受와 상想, 의도cetanā, 촉觸 phassa, 작의作意 manasikāra이다.'라고 경에 나옵니다.[2] 그런데 명을 이렇게 보는 것은 부처님의 사상이

---

2 《중부》 9경 〈정견 경Sammādiṭṭhi sutta〉, 《중부》 111경 〈아누빠다 경 Anupada sutta〉, 《상응부》 12상응 2경 〈분석 경Vibhaṅga sutta〉

라기보다 후대의 남방 상좌부 빠알리 불교에서 소개된 사상이라고도 합니다. 한역 아함경에서 명은 수·상·행·식 사음四陰(四蘊)이라 하여 해석의 차이가 납니다.[3] 이런 점에서 빠알리 경을 대할 때 부처님 원음인지 아비담마적 성격이 있는 대목인지 주의 깊게 살펴볼 필요가 있습니다.

불교의 인간관과 관련하여 특히 주목할 것은 경과 아비담마에서 명의 마지막 내용으로 거론되는 작의作意, 마나시까아라입니다. 마나시까아라*manasikāra*는 마나스*manas*와 까아라*kāra*가 합쳐진 용어인데, 마나스는 마노*mano*, 즉 '의意'이고, 까아라는 '지음, 행위'라는 뜻입니다. 보통 마나시까아라는 영어로 '주의

---

3 미즈노 고갱의 이 견해가 타당성이 높은 것으로 보임. 미즈노 고갱水野弘元(1901-2006):《パーリ仏教を中心とした仏教の心識論 빠알리 불교를 중심으로 한 불교의 심식론》(山喜房仏書林、1964年→ ピタカ, 1978)

attention'라는 뜻으로 번역하고 있습니다만 그런 뜻으로만 한정하고 넘어가기에는 '마노'라는 말이 너무나 중요합니다. 인간이 인간인 것은 이 마노 때문입니다. 명색은 존재계, 즉 정신세계와 물질세계를 말하는데, 정신세계의 제일 끝에 마노가 등장합니다. 한문으로 마나시까아라를 '작의作意'라고 번역했는데 말 그대로 읽으면 '의意를 만든다. 의를 쓴다. 의가 작용한다.' 등으로 이해되겠지요. 영어 번역인 '주의 한다'는 말도 '의를 쓰는 것'이라고 이해할 수는 있지만, 저는 작의라는 말은 '의를 쓴다.'가 아니라 '의를 만들다'라고 봅니다. 마노意는 부처님께서 사람이 해탈·열반을 이룰 가능성으로서 제기하는 개념입니다. '의'가 있어서 해탈·열반의 가능성이 있는데, 그 '의'가 십이연기의 명색 항목 중 명에 내재되어 있습니다. 그것이 인간의 향상 가능성을 암시하고 있다는 겁니다. 그렇게 보면 마나시까아라는 '작의作意', 즉 '의를 만듦'이 적절하지 않을까 생각해 봅니다. 산스크리트 사전에 마나스까아라*manaskāra*로 나오기도 하는데, 이렇게 보면 작의라는 뜻이 더 분명해 보입니다.

이렇게 명색에서 등장한 마노意는 다시 육처六處에서 마지막 처處에 자리를 잡고 있어서 주목해 볼 대목입니다. 육처가 안·이·비·설·신·의眼耳鼻舌身意이지 않습니까. 부처님은 육처에서 의意를 말씀하십니다. 육처를 설명하면서 '안·이·비·설·신' 다섯으로 묶어서 열거하시고는 '여섯 번째로 의가 있다.'라고 거듭 강조하십니다. 경經을 보면 부처님이 시종 그렇게 강조하시는 것을 알 수 있습니다. '여섯 번째로 의意다!' 이렇게 의는 안·이·비·설·신·의라는 전통적, 상식적 요소들과 나란히 육처에 중요한 자리를 차지하고 들어앉습니다.

부처님이 십이연기를 설하신 데는 이처럼 의를 강조하기 위한 의도가 전제되어 있지 않나 생각하게 됩니다. 식이 어쩌고 행이 어쩌고 하는 소리 백날 하면 뭐 합니까. 그런 건 동물도 다 있지요. 그런데 마노意를 육처에서 등장시킵니다. 왜? '인간은 안·이·비·설·신만 아니라 의意가 있다.' 이 말입니다. '의'가 중심이 된다는 점에서 인간이 동물과 구별됩니다. 이것이 부처님의 인간론입니다. 그렇지 않으면 십이연기가 그렇게 강조될 이유가 없습니다. 십이연기는 우리가 해탈·열반으로 가는 열쇠입니다. 그 열쇠가 열쇠 구실을 하려면 인간의 해탈·열반 가능성이 포함되어야 하거든요. 그래서 십이연기에는 순관順觀, 역관逆觀, 순역관順逆觀이 있고, 그것은 바로 사성제, 팔정도와 연관되어 있습니다. 즉 십이연기의 순관은 사성제 중 집성제에 해당하고, 멸성제滅聖諦는 십이연기의 역관에 그리고 이 역관의 실행이 도성제道聖諦라 하겠습니다. 이 점은 아래에서 좀 더 살펴보겠습니다. 이처럼 부처님은 '의'를 육처에 설치함으로써 해탈·열반의 가능성을 열어놓으신 것입니다.

여러분에게 《숫따니빠아따》가 중요한 경이라는 이야기는 전에도 여러 번 했지요. 그 제3장의 끝에 〈두 가지 관찰〉이라는 경이 있습니다. 내용인즉 사성제부터 시작해서 연기의 항목들로 나가는데 그 뒷부분에 명색과 육처를 올려놓았어요. 보통 십이연기를 거론할 때 '식이 있으면 명색이 있고, 육처가 있고, 촉이 있고……' 순서가 이렇게 되는데, 이 경에서는 식 다음에 바로 촉을 이야기하시고, 주욱 가다가 명색과 육처를 올려놓은 겁니다. 이것도 참 의미심장합니다. 명색과 육처에 등장하는 의意, 이것이 인간이 동물과 다른 소인素因이고, 인간을 구성하는 가장 핵심적인 요소라는 것입니다. 인간이 일반적 진화 선상의 동식물과 다를 수 있는 요소가 '의'에 내포되어 있습니다. '의'는 '뜻'이지요. 그러니까 '뜻[意]을 가진 존재'가 '사람'이라는 것입니다. '사람은 뜻을 가진 존재, 향상하는 존재다!' 이것이 불교의 인간관입니다.

축생과 사람의 차이

오온에 있어서는 사실상 동물과 사람의 차이가 별로 없습니다. 동물도 몸뚱이를 가졌지요. 아프다 느낄 줄 알고 좋다 나쁘다 느낄 줄 알고 '이게 내 새끼' 인식할 줄도 압니다. 의도적인 행위도 할 줄 알아요. 철새가 '봄이 오니까 북쪽으로 옮겨 가야지.' 하는 의지 행위가 가능합니다. 동물도 식識으로, 즉 어떤 차이에 의해 구별해서 아는 범주의 지혜를 누리고 있는 존재라는 점에서 인간과 별 차이가 없습니다. 사람이나 동물이나 모두 오취온을 공유하고 있습니다.

그런데 사람과 동물의 큰 차이는 십이연기의 육처

에서 빚어집니다. 동물도 눈 가지고 있고, 귀 가지고 있고, 코, 혀, 몸 다 가지고 있습니다. 게다가 사람의 눈이 동물보다 낮다고 할 수 없고, 귀도, 코도, 혀도, 몸도 동물보다 사람이 낮다고 주장할 근거는 없습니다. 오히려 인간이 못 보는 걸 보는 짐승들도 있고, 우리가 냄새 못 맡는 걸 맡는 짐승들도 있고, 우리가 못 듣는 소리를 들을 수 있는 짐승들이 많습니다.

다만 의意에 와서 차이가 벌어집니다. 육처는 안·이·비·설·신·의이고, 그 각각의 대상은 색·성·향·미·촉·법色聲香味觸法입니다. 이 중에 '의'의 대상이 법法입니다. '의'의 대경은 법이므로, 의는 법法을 아는 능력입니다. 이 '의'가 발달한 점에 있어서는 사람은 단연코 동물과 비교할 수 없습니다. 요는 사람은 '의가 중심인 존재'입니다.

'의'의 대상은 법입니다. 인간은 '의'와 '법' 둘의 관계가 대단히 발달된 존재입니다. 그런 점에서 사람은 안·이·비·설·신·의 육입 가운데 의意라는 요소가 법을 보기에 걸맞게 또는 상당한 수준으로 발달된 존재라고 정의할 수 있습니다. 다시 말해 인간은 다름 아닌 의를 가지고 있는 특수 발전 단계의 존재입니다.

물론 동물에 의意가 없지는 않습니다. 동물도 의가 있기는 한데 매우 희미하고 덜 발달한 상태여서 그저 사물을 알아차리고 분별하여 본능으로 대처하는 수준에서 그칠 뿐 법을 제대로 알 능력이 없습니다. 축생들은 의가 약하기 때문에 가치에 대해서는 꿈에도 상상할 능력이 없습니다. 의가 발달했느냐 못했느냐, 그게 사람과 동물의 차이입니다. 오온인 것은 축생도 마찬가지인데 육처로 따지면 안·이·비·설·신은 분명하지만 의는 있는 듯 없는 듯합니다. 동물은 내육처內六處가 그러하니 외육처外六處마저도 구족하지 못하여 법을 볼 수 없습니다.

그런데 사람은 오히려 안·이·비·설·신 다섯 가지 처處나 근根은 매우 약한 경우마저 없지 않습니다. 눈도 귀도 별로 시원치 않습니다. 그러나 의意는 얼마든지 임의대로 발달시킬 수 있습니다.

여러분이 자식을 학교에 열심히 보내는 것은 오근을 발달시키려는 것이라기보다 제 육근, 즉 의意를 발달시키기 위해서입니다. 각종 공부 스트레스를 주어가면서까지 의를 발전시키려고 애쓰고 있는 겁니다. 어느 날 우연히 텔레비전을 보았는데 맹인을 인도하는 인도견引導犬 훈련 소장이 나왔어요. 그분이 인도

견의 여러 가지 능력을 이야기합니다. 참 놀라울 만큼 영리하더군요. 그런데 그분이 나중에 웃으면서 하는 말이, '개는 아무리 영리해도 옳고 그른 것은 구별할 줄 모른다.'고 단언합디다. 그 이야기를 듣고 제가 '하, 오늘 참 텔레비전 잘 봤다. 동물에게 의근意根이 거의 없다는 것을 저 사람이 확인해 주었구나.' 싶었습니다.

옳고 그름, 이건 법法의 영역입니다. 그 판단은 사람만이 할 수 있습니다. 하지만 반드시 잘 하느냐? 이것이 문제입니다. 옳고 그름을 판단할 능력은 갖추었는데 사사건건 옳게 하는지, 잘 못하는지가 문제입니다. 그게 인생사입니다. 의근意根은 갖추었는데 이를 얼마나 잘 살려 법을 바르게 판단하는 데 쓰느냐, 그것이 '사람살이'라는 겁니다.

'의'라는 말은 원래 '두루 생각하고 헤아린다.'는 뜻입니다. 두루 생각하고 헤아리기 때문에 법을 아는 겁니다. 그래서 '법을 아는 사람은 자신을 돌아본다.'고 할 수 있습니다. 사람은 돌아볼 줄 아는 존재라는 점에서 동물하고 다릅니다. 돌아볼 줄 알기 때문에 향상의 가능성이 있는 것입니다. 사람으로 태어났지만 어쩌다 사고나 병 때문에 식물인간이 되었다든가, 가치 판단에서는 축생과 별 다름없이 사는 사람도 있지요. 이 경우 허울은 사람인데 사람살이를 제대로 사는 것은 아니지요. 결국 의를 갖추고 그것을 왕성하게 활용, 개발하거나 또는 악용할 수 있는 존재가 사람입니다.

사람다움

우리는 '사람답다, 사람답지 못하다.'는 말을 자주 씁니다. 인간 부모 몸에서 태어났다고 해서 사람은 아닙니다. 《숫따니빠아따》나 《법구경》에는 '바라문이 바라문 부모에게서 태어났다고 해서 바라문인 것은 아니다.'라는 말씀이 나옵니다. '바라문다워야 바라문이다.'라는 뜻입니다. 청정, 범행 등 바라문의 덕목들을 실천할 때라야 그 사람이 바라문이라는 것이지요. 그 어법대로 생각할 때, 인간 부모 몸에서 태어났다고 해서 사람인 것이 아니라 사람다워야 '사람[人]'입니다.

그러면 어떤 것이 사람다움인가? 우리가 삼귀의를 할 때, '귀의불歸依佛 양족존兩足尊'이라 하지요. '두 다리로 선 존재인 천신과 사람 중에서 가장 존귀하신 부처님께 귀의합니다.'라는 뜻입니다. 사람을 인간 완성의 측면에서 부를 때 '양족존'입니다. 대승불교나 후기불교에 오면 양족을 '지혜와 자비라는 두 다리로 선 존재'라고 철학적으로 해석합니다. 지혜라는 다리와 자비라는 다리, 그 두 다리로 굳건히 버티고 대지 위에 선 존재, 이것이 사람다운 사람인 것입니다.

근본불교의 관점에서 사람을 한 마디로 말하면 '팔정도八正道를 걷는 존재'입니다. 이것은 어떤 사람이 불교에 입문하여 팔정도를 닦는다는 의미가 아닙니다. 그렇게 이해한다면 하나의 종교적 교의에 불과합니다. 불교는 사람이 사람답게 살도록 만드는 길이지, 특정인이나 특정 종교 집단을 위한 교의가 아닙니다. 따라서 팔정도도, 부처님 법을 요행히 만난 사람들만이 걷는 길이 아닙니다. 인간뿐 아니라 천신, 그리고 모든 삼계 중생들이 다 걸어야 하는 길이 팔정도입니다. 팔정도가 유일하게 해탈로 나아가는 길이기 때문입니다. 그 팔정도가 사람다움을 조건 짓습니다.

그런 점에서 부처님 법이 없는 시대의 인류는 사람이라기보다 인간이라 부르는 것이 옳겠습니다. 다시 말해 발달하고 진화한 동물에 불과합니다. 불교에서는 사람을 범부와 진인眞人, 즉 보통 인간과 참사람으로 구별합니다. 우리가 태어날 때는 범부입니다. 그런 범부가 부처님 법을 만나 새롭게 태어날 때 참사람, 진인이 되는 것입니다. 빠알리어로 진인은 삽뿌리사 *sappurisa*입니다.

누구에게나 참사람의 싹이 있습니다. 가령 어떤 외도 종교인이 불교 파괴에 힘을 쓴다 해도 그 사람 역시 부처 종자이지요. 진인의 후보로서 진인이 되는 과정에서 무지로 인해 업을 짓는 것뿐입니다. 그 업보로 지옥 가더라도 결국은 참사람이 될 가능성을 갖고 있습니다. 천신의 형태를 띠고 있든 인간 육신의 형태를 띠고 있든 팔정도를 걸을 때, 사람이 되는 것이라 봅니다. 요컨대 범부와 참사람을 구체적으로 가르는 것은 팔정도입니다.

저는 '인간人間'이라는 말과 '사람[人]'이라는 말을 구분해 왔습니다.[4] 육도六道 중에 인간이란 존재가 있

---

4 인간人間은 한문인지라 이에 상응하는 빠알리어가 필요한데, 마눗사*manussa*가 영어로 휴먼human, 뿌리사*purisa*는 맨man에 각각 배대시킬 수 있다.

습니다. 축생보다 식識이 조금 발전된 상태입니다. 그러나 인간이 우리가 말하는 사람은 아닙니다. 인간이란 '사람과 사람 사이'입니다. 즉 관계성입니다. 부모와 자식, 친구와 친구 사이 등 관계에 관심을 쏟으면 축생과 같은 선상에 섭니다. 육도는 천상, 인간, 아수라, 축생, 아귀, 지옥인데, 전부 관계로 얽힌 존재들의 삶입니다. 관계성에 치중하는 존재들이 벌이는 다양한 삶의 영역이 육도입니다. 자식에 대해서 걱정하는 것은 축생도 똑같지요. 그렇게 관계에 집착해서 사는 것이 '인간'입니다.

축생은 끝없이 횡으로 평면 이동만 합니다. 네 발로 지평을 달리든 날개나 지느러미나 비늘로 움직이든 결국은 평면 이동으로 지표를 맴돌고 있지요. 다람쥐 쳇바퀴 도는 것이지요. 인간이나 축생이나 하는 짓이 모두 그렇습니다.

오늘날 이 지구를 파멸로 몰아가고 있는 오욕락五
欲樂 존재, 그게 인간입니다. G7, G2 등 선진국이란
뭡니까? 그 가치관의 기초는 힘입니다. 힘에 대한 동
경입니다. 축생 같은 삶을 살려고 하니까 힘이 필요합
니다. 그렇지만 사람다운 노릇하는 데에는 힘이 필요
하지 않습니다. '인간'에서 '사람'으로 가는 길은 무엇
일까요? 우리가 축생과 다를 바 없는 인간 존재로부
터 벗어나는 것, 그야말로 결정적으로 독립선언을 하
는 것은 십이연기 중 육처, 즉 안·이·비·설·신·의 육입
六入 가운데 의意를 발동하여 법을 제대로 아는 순간
부터 시작됩니다. 바로 그 의를 세워 법을 향해서 정
조준 할 때 비로소 인간으로부터 벗어나 사람이 됩
니다.

부처님 가르침인 법, 담마*Dhamma*는 인간을 고苦로부터 해방시키는 체계입니다. 법은 '관계'로 맺어진 인간 세상에 머무는 것이 아니라, 관계의 세계로부터 초탈하는 '가치'의 세계, '도덕'의 세계, '의미'의 세계 차원입니다. 그런 세계에 진입할 때 우리는 양족, 즉 '두 발로 선 존재'가 됩니다. 대지를 디디고 머리를 하늘로 향해서 곧추선 존재, 그것이 사람입니다. 사람은 머리를 하늘로 향하면서 여태까지 나를 구속해왔던 땅으로부터 자유로워집니다. 앞서 말한 바와 같이 그야말로 평면 이동만 지향하던 존재가 수직을 지향하는 다른 차원의 존재로 바뀌는 것입니다. '인간'에서 '사람'으로 바뀌는 것입니다.

요약하면 '의意를 가지고 법을 알 수 있다.'는 점에서, '인간'과 구분되는 '사람', 그 사람이 법을 구체적으로 실현시키는 길이 팔정도입니다. 불교의 법체계는 팔정도를 걷는 존재로서 사람의 의미를 각별히 인정하고 부각시키는 체계입니다. 불교란 다름 아니라 팔정도 체계를 가르치는 것입니다.

사람의 완성

 이처럼 의意가 중요한 이유는 그 대상이 법이기 때문입니다. 사람에게 각별히 발달되어 있는 의는 법을 볼 수 있어서 사람됨의 완성으로 갈 수 있는 정신 기능입니다. 색깔이 귀나 코를 통해서 들어오지 못하고 반드시 눈을 통해서 들어오듯이, 법은 의를 통해서만 들어옵니다. 의가 발전되면 들어오는 법도 그만큼 확대됩니다. 의가 예민해지고 그 포착 범위가 커질수록 법도 커지기 마련입니다.

 부처님이 말씀하신 담마, 법이라는 말을 저는 일단 '가치 현상'이라고 이해하고자 합니다. 사람을 사람답게 만든다는 의미에서 '도덕적 가치 현상', 그것을 법으로 이해하자는 것입니다. 사회적 규범 차원의 윤리, 즉 형식주의적이고 질서지향적인 가치를 넘어서는 것이 불법입니다. 불법은 사람 그 자체를 사람답게 만드는 도덕적 가치입니다. 사람을 보다 근원적인 의미에서 사람답게 만드는 가치가 법입니다. 또한 그 가치가 높고 낮음에 따라 다양하게 드러나는 모든 모습과 현상 역시 법입니다.

자, 이제 부처님 가르침의 핵심인 연기법緣起法을 봅시다. 십이연기의 순관順觀적 입장에서 어떤 현상을 보면, 그 현상은 고苦를 생성하는 과정입니다. 그런데 순관과는 반대로 고를 멸하려는 의지적이고 의도적으로 보는 역관逆觀적 입장에서 의가 어떤 현상을 대상으로 보면, 그 현상은 법이 됩니다. 그런 의미에서 법이야 말로 사람을 사람답게 만드는 것입니다.

그런데 법이 가치 현상이라고 할 때, 가치가 '좋은' 쪽만 가리키는 것은 아닙니다. 가치에는 마이너스 가치도 있고 플러스 가치도 있습니다. 마이너스 가치를 키우는 사람은 축생보다 더 큰 악을 행할 수 있습니다. 그래서 축생은 지옥에 가지 않는데 사람은 지옥에 갑니다. 인간이 지옥, 아귀, 축생, 아수라라는 사악취四惡趣, 사악도四惡道까지 갈 수 있는 것도 의意 때문입니다. 오늘날 이 세계 인류는 의가 마이너스 방향으로 격하일로를 걷고 있지요. 그리하여 자신뿐 아니라 남들까지 물귀신처럼 줄줄이 엮어서 아귀, 지옥을 향해서 돌진합니다. 오늘날의 세계 상황을 '의'의 측면에서 이해하자면 그렇게 볼 수 있습니다.

그러나 사람은 의가 있어서 법을 판단하고 선택하는 능력을 지니고 있습니다. 의로써 택법擇法하는 존재가 사람입니다. 행行을 극단으로 팽창시켜 윤회의 악순환을 가속화시킬 수도 있지만, 법을 결택하여 마침내 해탈·열반까지도 갈 수 있는 존재가 사람입니다.

의를 잘 활용하여 법을 실현한다면 기필코 사람의 완성을 이루게 됩니다. 해탈·열반이란 사람됨의 완성입니다. 사람이 아닌 별도의 어떤 존재가 되는 것이 아니지요. 실로 사람은 그렇게 지고지대至高至大한 존재, 위대한 존재인 것입니다.

사람은 법을 아는 능력인 의가 어떤 생물이나 존재보다 잘 갖추어진 존재입니다. 사람 특유의 능력인 법

챙기기를 등한히 하고 행의 흐름에 자신을 맡긴다면, 그것은 사람으로서 비극이고 패배입니다. 사람으로 살면서 사람 완성의 길을 모른다면 마치 학교를 다니지만 졸업할 가능성이 없는 학생과 같습니다. 학교에 다닐 때는 학교에서 가르치는 공부를 잘 해내고 마침내 졸업함으로써 모든 교육과정을 스스로 구현하는 단계에 이르러야 합니다.

사바세계는 사람 완성을 위한 학교입니다. 인간 학교, 사바세계라는 학교에서 우주가 엄청난 교육비를 들여서 사람의 완성을 가르치고 있습니다. 그런데 공부는 안 하고 졸업도 못한다면 학교가 존재할 의미가 없겠지요. 누구나 사람 완성을 위한 학교의 학생으로 살고 있으며 법을 알고 그 법을 실천 구현하기 위해 인생학교를 경험하고 있습니다. 요컨대 사람 완성

을 위해서는 마땅히 자나 깨나 의근意根을 놓치지 않
고 챙겨야합니다.

우주는 사람을 위해 있다

사람 몸 받는 것! 참 놀라운 일입니다. 한 줌의 공기 속에 박테리아가 무수히 많다고 합니다. 우리 눈에 보이는 것도, 보이지 않는 세계도 그러합니다. 그리고 육도의 존재들까지 포함하면 참으로 무한대입니다. 우리는 그 많은 생명들 중에 사람 몸 받았습니다. 기적입니다. 그래서 '백천만겁난조우百千萬劫難遭遇'라는 말이 생긴 것입니다.

그 무수한 존재 가운데서 사람 몸을 받았고, 더욱이 거기에다 부처님 법을 만났습니다. 불교에서는 인간을 천신보다 해탈·열반할 기회가 더 많은 높은 단계의 존재로 봅니다. 향상 가능성에 있어서 욕계 육도에서 가장 높고 결정적인 단계가 바로 인간입니다.

신神도 '사람' 앞에 와서 절을 합니다. 사천왕이 사리뿟따가 돌아가실 때 찾아와 뵙고 절하듯 사천왕도 번뇌가 다한 사람, 성자 아라한 앞에 와서 절을 합니다. 그게 지혜의 서열입니다. 향상의 길에서 지혜가 낮은 사람이 지혜가 높은 사람을 앞설 수는 없습니다. 그러니까 사람 완성의 길에 무엇보다 가장 중요한 것은 지혜입니다.

향상 가능성이 가장 높은 존재가 인간입니다. 인간이 범부에서 참사람으로 향상한다는 면에서 생각할 때 궁극적으로 온 우주가 참사람을 위해서 있다고 볼 수 있습니다. 이 우주에 숱한 별과 은하들이 돌고 또 돈다고 합니다. 그래서 어쨌다는 것이며, 무슨 의미가 있다는 것입니까. 사람 없이 우주에 무슨 의미가 있겠습니까. 사람만이 의意를 가진 존재여서 우주의 가치를 알 수 있는데, 사람이 없다면 우주에 무슨 의미가 있겠습니까. 있을 수가 없지요. 사람은 의意가 있고 그렇기 때문에 의미意味 있는 존재입니다. 우주는 사람이 있어야 의미가 있게 되는 것이지요. 그 때문에 우주가 의미를 찾아서 사람에게 접근해 사람을 감싸고, 사람 주변을 돌고 있다고 봅니다. 그런 의미에서 '우주의 중심이 사람'입니다.

우주가 단순한 물리적 유니버스를 넘어 어떤 질서와 조화를 갖춘 코스모스를 이룬다면, 그 조화도 사람 때문이라 봅니다. 따라서 그 우주의 중심인 사람이 어떻게 사느냐 하는 건 대단히 중요한 일입니다. 정말 중요합니다. 사람이 어떻게 사느냐는 바로 우주의 농사가 어떻게 되느냐에 해당되는 사안입니다. 우주의 농사는 사람을 완성시키는 일입니다. 사람 완성이 성공하느냐 실패하느냐의 문제는 우주를 영위하는 일, 우주의 존재 의미를 살리고 죽이는 일이 될 것입니다.

사람은 얼마나 위대한 존재인가?

우주는 인간에게 잠시도 정신을 팔지 말라고, 언제
나 정신을 차리라고, 고통 반 즐거움 반[苦半樂半]으로
많은 경책을 제공해 줍니다. 인간은 그 숱한 경책 속
에서 맹렬하게 공부하는 존재입니다. 부자는 부자대
로, 가난한 자는 가난한 자대로, 여자는 여자대로, 남
자는 남자대로, 병 있는 사람은 병 있는 대로, 건강한
사람은 건강한 대로, 무수한 경책의 연속이 인생입니
다. 그래서 인생은 고해苦海입니다.

그런데 그 고는 단순히 고가 아닙니다. 고를 통해
서 향상으로 나아가라는 경책입니다. 고해란 다름 아

닌 연속되는 스승의 채찍입니다. 고를 통해 우리는 지혜를 밝혀나가고 있습니다. 그런데 우리가 스스로를 과소평가합니다. 돈 몇 푼으로 우열을 나누고, 권력으로 우열을 나누고, 학문 지식으로 우열을 나누는 어리석디 어리석은 행위 때문에 스스로 비참해져 있지요. 우리는 사장이고 과장이고 주임이기 이전에 향상할 수 있는 의식을 갖춘 사람입니다. 그래서 천신도 넘어설 수 있는 존재가 '사람'입니다. 그런데도 우리가 향상할 수 있는 사람이라는 사실을 아예 잊어버리고 있지요.

여러분, 스스로 향상할 수 있는 사람임을 잠시도 잊지 말고 기억하십시오. 백천만겁난조우! 돌고 도는 무수한 삶 끝에 마침내 사람 몸 받고, 부처님 법을 만난 금생입니다. 그 소중한 기회를 내가 왜 못 누릴 것인가. 몫을 찾고 챙겨야지요. 도대체 돈, 권력, 명성에 한눈팔아 이 인생 다 포기하고 말겠습니까. 남편, 애인, 자식 모두 인연끼리 만남인데, 거기에 집착하고 꼼짝없이 매여서 모처럼 향상할 기회를 인연의 부속물로 낭비하고 포기해 버리겠습니까. 그토록 어려운 기회에 부처님 법 만나서 겨우 '내 아들 합격시켜주세요, 돈 벌게 해 주세요.' 빌고만 있으렵니까. 왜 그렇게 자포자기합니까. 왜 그렇게 싸게 자기를 넘겨버리느냐는 말입니다.

잊지 말고 바른 마음챙김[正念 *sammāsati*] 하십시오! 당당하게 '내가 얼마나 위대한 존재인가'를 잊지 말고 바르게 마음을 챙기십시오. 모처럼 사람 몸 받았으니 고귀한 존재가 되겠다고 원을 세우십시오. 원을 세우고 마음껏 높은 꿈을 키우십시오. 누가, 무엇이 막습

니까? 왜 원대하고 고매한 꿈을, 더없이 높은 이상을
추구하지 못합니까.

　얼마나 어렵게 만난 인간 기회이며, 얼마나 어렵게
만난 법입니까. 부처님 법, 그 어디에 신神이 있고, 억
지가 있고, 강요가 있습니까. 부처님 법이 처음부터
끝까지 우리를 사람으로서 얼마나 높이 대접하고 있
습니까. 우리를 능히 선악을 판단할 존재로서 대접하
지 않습니까. 그 앞에서 우리는 꼭 매질을 해야 움직
이는 노예근성을 부리고 있는 것 아닙니까. 사람대접
해 주는 부처님과 법을 만나고도 노예근성 가지고 구
차하게 살 것입니까?

　우리는 부처님의 제자들이니 법왕의 왕자입니다.
이미 양족兩足으로 태어났을 때, 우리는 이미 왕자의

자격을 갖춘 것입니다. 우리는 양족존兩足尊의 자식으로 태어났으니 왕자 자리에 가서 앉아야 마땅합니다. 그렇건만 막는 사람도 없고 검문하는 사람도 없는데, 우리는 왕자의 자리로 나아가지 못하고 밖에서 우물쭈물 눈치만 보고 있는 꼴 아닙니까. 왜 그런가? 우리 자신이 왕자답지 못한 처신을 하기 때문입니다. 동화《왕자와 거지》에 담긴 교훈처럼 왕자 될 그릇이 되어야 왕자 노릇도 하지요. 그렇듯이 여러분이 그 왕자 자리의 주인으로서 모든 채비가 되어 있다면, 지금 가서 앉은들 누가 막고 누가 시비하겠습니까?

그처럼 우리는 높은 이상을 추구하고 향상할 수 있는 존귀한 존재들입니다. 우리는 고반苦牛·낙반樂牛으로 끊임없이 자극을 받으면서 우수한 성적으로 인생학교를 졸업하라고 그렇게 경책을 받고 있는 겁니다. 그런데 이런 법을 만나고도 공부하지 않는다면 어쩌겠다는 겁니까?

수평에서 수직으로

불교는 해탈·열반의 길을 가르칩니다. 그 해탈·열반의 길을 걷는 것이 사람입니다. 해탈하려면 해탈할 수 있는 존재가 되어야 하고, 그러려면 육도 윤회만 일삼는 일반 존재와 다른 뭔가가 있어야 합니다. 그것이 의意입니다. 의를 발동하여 법Dhamma을 알고 법을 실현하기 위해 팔정도를 걸으면 비로소 인간은 고해를 돌고 도는 윤회까지 졸업해 마치게 될 유망한 학생, 즉 '사람'이 됩니다. 부처님은 사람을 그처럼 위대한 존재로 선언하신 겁니다. 그리고 법이라는 씨앗을 우리에게 남겨주면서 말씀하셨습니다. '너 자신에게 의지하라! 법에 의지하라!' 부처님 최후의 유촉입니다. 해탈·열반하려면 바깥 세계에 의지하지 말고, 다른 사람이나 남과의 관계에 의지하지 말라는 말씀입니다.

'자등명自燈明 법등명法燈明'이라 하지요. 남방에서는 '등'이라고 하지 않고, '섬'으로 번역합니다. '자신을 섬으로 삼고, 법을 섬으로 삼으라.' 끝없는 윤회라는 폭류에서 헤어나 발을 든든히 디딜 수 있는 곳이 섬입니다. 어떻게 해야 섬에 오릅니까? 남에게 의지하지 않고, 관계에 의지하지 않고, 자신을 의지해야 합니다.

작금의 한국불교는 소위 세속불교를 말하고, 민중불교, 대중불교를 강조하는데, 이는 인간관계에 치중한다는 겁니다. 관계를 떠나야 한다는 점에서 보면 한국불교의 문제점이 적지 않다고 할 수 있습니다. 인간관계란 아무리 의지해봐야 결국 지표면을 평면 이동하며 맴 돕니다. 뺑뺑 맴돌기를 멈추고 섬 위에 올라서서 두발로 든든하게 딛고, 법을 향해 머리를 하늘로 치켜 들 때 '사람'이라 할 수 있습니다. 관계에 의지하던 버릇을 청산하고 스스로를 의지하면서 오로지 법을 지향해서 한 생을 바치려는 자세를 갖출 때, 그때 사람입니다.

그리고 마침내 이 윤회의 대기권을 돌파하기 위해 스스로를 발사대로 삼아 정진精進이라는 발사를 하게 됩니다. 그러면 팔정도八正道의 길을 따라 느리지도 않고 빠르지도 않게 정확히 나아갑니다. 그런 사람이라야 중생의 욕망이 잡아당기는 인력권을 벗어나 마침내 대 자유, 대 해탈에 들어서는 것입니다.

지구촌을 덮고 있는 인간 문화에 현혹되지 마십시오. 바른 말[正語]과 바른 생계[正命]의 분상에서 텔레비전, 신문, 잡지, 쓸데없는 대화들을 자제합시다. 알음알이 놀음의 끝없는 충동을 자제합시다. 어떻게든지 행行의 급류에서 헤어나 멈춥시다. 섬에 올라서서 숨을 깊이 한번 들이쉬고, 마침내는 두 발로 든든히 대지를 디딥시다. 두 발로 디뎠을 때는 대지를 박차려는 것입니다. 그래서 양족입니다. 양족 중에 가장 존귀한 분이신 부처님은 인류에게 두 발로 바로 서서 윤회의 대기권을 박차고 해탈·열반하는 길을 제시하셨습니다. 사람 중에 가장 존귀한 분, 완성자, 모범이 부처님이십니다. 그래서 부처님을 양족존이라 표현하고, 우리 양족들은 그분께 귀의, 그 수범을 따르는 것입니다.

요컨대 사람은 두 발로 튼튼히 팔정도를 걸을 수 있는 기회를 누리는 존재입니다.

그렇건만 실상 우리는 사람의 존엄성을 끌어내리고 말살시키는 데에 매달려온 꼴입니다. '돈이 왕이다, 소비가 왕이다, 국가가 왕이다.' 하며 인간을 보잘것없는 존재로 만들고 있습니다. 서양의 창조론과 진화론이 연출하는 혼란스러운 드라마는 종영시킵시다. 자, 이제 가치가 전도된 이런 세계에서 우리는 지혜와 자비를 갖춘 양족의 존재임을 다시 확인하고 그 의미를 깨달아야 합니다.

그러려면 의意를 가지고 '향상하는 존재, 사람'이라는 불교적 인간관의 확립이 절실히 필요합니다. 여러분, '사람의 완성'을 지향해 나아갑시다. 해탈·열반이 사람으로서의 완성입니다. 그것이 부처님 도량에서 해야 할 도리입니다. '인간으로부터 사람으로의 향상!' 금생에 반드시 이룹시다! ✸

—— 말한이 **활성** 스님

1938년 출생. 1975년 통도사 경봉 스님 문하에 출가.
통도사 극락암 아란야, 해인사, 봉암사, 태백산 동암, 축서사 등지에서
수행정진. 현재 지리산 토굴에서 정진 중. 〈고요한소리〉 회주

—— 엮은이 **김용호** 박사

1957년 출생. 전 성공회대학교 문화대학원 교수 (문화비평, 문화철학).
〈고요한소리〉 이사

—— 〈고요한소리〉는

○ 붓다의 불교, 붓다 당신의 불교를 발굴, 궁구, 실천, 선양하는 것을 목적으로 설립되었습니다.

○ 〈고요한소리〉 회주 활성스님의 법문을 '소리' 문고로 엮어 발행하고 있습니다.

○ 1987년 창립 이래 스리랑카의 불자출판협회BPS에서 간행한 훌륭한 불서 및 논문들을 국내에 번역 소개하고 있습니다.

○ 이 작은 책자는 근본불교를 중심으로 불교철학·심리학·수행법 등 실생활과 연관된 다양한 분야의 문제를 다루는 연간물連刊物입니다. 이 책들은 실천불교의 진수로서, 불법을 가깝게 하려는 분이나 좀 더 깊이 수행해보고자 하는 분에게 많은 도움이 될 것입니다.

○ 이 책의 출판 비용은 뜻을 같이하는 회원들이 보내주시는 회비로 충당되며, 판매 비용은 전액 빠알리 경전의 역경과 그 준비 사업을 위한 기금으로 적립됩니다. 출판 비용과 기금 조성에 도움주신 회원님들께 감사드리며 〈고요한소리〉 모임에 새로이 동참하실 회원을 기다리고 있습니다.

○ 〈고요한소리〉 책은 고요한소리 유튜브(https://www.youtube.com/c/고요한소리)와 리디북스RIDIBOOKS를 통해 들으실 수 있습니다.

○ 〈고요한소리〉 회원으로 가입하시려면, 이름, 전화번호, 우편물 받을 주소, e-mail 주소를 〈고요한소리〉 서울 사무실에 알려주십시오. (전화: 02-739-6328, 02-725-3408)

- 회원에게는 〈고요한소리〉에서 출간하는 도서를 보내드리고, 법회나 모임·행사 등 활동 소식을 전해드립니다.

- 회비, 후원금, 책값 등을 보내실 계좌는 아래와 같습니다.

국민은행	006-01-0689-346
우리은행	004-007718-01-001
농협	032-01-175056
우체국	010579-01-002831
예금주	**(사)고요한소리**

—— 마음을 맑게 하는 〈고요한소리〉 도서

금구의 말씀 시리즈

소리 시리즈

법륜 시리즈

보리수잎 시리즈

붓다의 고귀한 길 따라 시리즈

하나	불법의 대들보, 마음챙김 *sati*

단행본

하나	붓다의 말씀
둘	붓다의 일생

소리 · 열여덟

의意를 가진 존재, 사람
- 불교의 인간관 -

초판 1쇄 발행 2019년 9월 30일
초판 2쇄 발행 2023년 3월 30일

말한이	활성
펴낸이	하주락·변영섭
펴낸곳	(사)고요한소리
제작	도서출판 씨아이알 02-2275-8603

등록번호	제1-879호 1989. 2. 18.
주소	서울시 종로구 인사동길 47-5 (우 03145)
연락처	전화 02-739-6328 팩스 02-723-9804
	부산지부 051-513-6650 대구지부 053-755-6035
	대전지부 042-488-1689
홈페이지	www.calmvoice.org
이메일	calmvs@hanmail.net
ISBN	978-89-85186-99-5 02220

값 1,000원